Eliana Almeida e Aninha Abreu

Vamos Trabalhar
Caderno de Atividades

- Linguagem
- Matemática
- Natureza
- Sociedade

1 Educação Infantil

_____
NOME

_____
PROFESSOR

_____
ESCOLA

Editora do Brasil

Dados Internacionais de Catalogação na Publicação (CIP)
(Câmara Brasileira do Livro, SP, Brasil)

Almeida, Eliana
Vamos trabalhar: caderno de atividades: educação infantil 1 / Eliana Almeida e Aninha Abreu. – São Paulo: Editora do Brasil, 2019. – (Coleção vamos trabalhar)

ISBN 978-85-10-07885-6 (aluno)
ISBN 978-85-10-07886-3 (professor)

1. Educação infantil I. Abreu, Aninha. II. Título. III. Série.

19-29607   CDD-372.21

Índices para catálogo sistemático:
1. Educação Infantil 372.21
Maria Alice Ferreira - Bibliotecária - CRB-8/7964

© Editora do Brasil S.A., 2019
Todos os direitos reservados

Direção-geral: Vicente Tortamano Avanso

Direção editorial: Felipe Ramos Poletti
Gerência editorial: Erika Caldin
Supervisão de arte e editoração: Cida Alves
Supervisão de revisão: Dora Helena Feres
Supervisão de iconografia: Léo Burgos
Supervisão de digital: Ethel Shuña Queiroz
Supervisão de controle de processos editoriais: Roseli Said
Supervisão de direitos autorais: Marilisa Bertolone Mendes

Supervisão editorial: Carla Felix Lopes
Edição: Monika Kratzer
Assistência editorial: Ana Okada e Beatriz Pineiro Villanueva
Auxílio editorial: Marcos Vasconcelos
Copidesque: Giselia Costa, Ricardo Liberal e Sylmara Beletti
Revisão: Andréia Andrade, Elis Beletti e Marina Moura
Pesquisa iconográfica: Amanda Felício
Assistência de arte: Josiane Batista
Design gráfico: Talita Lima
Capa: Talita Lima
Edição de arte: Soraia Scarpa
Imagem de capa: Rodrigo Alves
Ilustrações: André Valle, Bruna Ishihara, Eduardo Belmiro, Hélio Senatore, Henrique Brum e Ilustra Cartoon
Coordenação de editoração eletrônica: Abdonildo José de Lima Santos
Editoração eletrônica: Elbert Stein, Gilvan Alves da Silva, José Anderson Campos e Wlamir Miasiro
Licenciamentos de textos: Cinthya Utiyama, Jennifer Xavier, Paula Harue Tozaki e Renata Garbellini
Controle de processos editoriais: Bruna Alves, Carlos Nunes e Stephanie Paparella

2ª edição / 11ª impressão, 2025
Impresso na HRosa Gráfica e Editora.

Avenida das Nações Unidas, 12901
Torre Oeste, 20º andar
São Paulo, SP – CEP: 04578-910
Fone: +55 11 3226-0211
www.editoradobrasil.com.br

Apresentação

Querida criança,

Você acaba de receber um lindo presente!

Com seu exemplar da coleção **Vamos Trabalhar – Caderno de Atividades**, você se divertirá e aprenderá muito!

Este livro está repleto de exercícios e brincadeiras nos quais você vivenciará experiências, leituras, histórias, músicas, cantigas, parlendas, adivinhas, situações-problema e muito mais. Essas atividades foram elaboradas com muito carinho e alegria, pensando em seu desenvolvimento integral, além de respeito a seu direito de viver a infância.

Vamos embarcar juntos nesta divertida aventura que é aprender?

Você, criança, é cidadã e produtora de cultura. Então, abra seu Caderno de Atividades e comece agora mesmo a construir sua história: escreva, leia, cante, recite, desenhe, pinte, recorte, cole, crie, reflita.

Um abraço carinhoso!

As autoras

As autoras

Eliana Almeida

- Licenciada em Artes Práticas
- Psicopedagoga clínica e institucional
- Especialista em Fonoaudiologia (área de concentração em Linguagem)
- Pós-graduada em Metodologia do Ensino da Língua Portuguesa e Literatura Brasileira
- Psicanalista clínica e terapeuta holística
- *Master practitioner* em Programação Neurolinguística
- Aplicadora do Programa de Enriquecimento Instrumental do professor Reuven Feuerstein
- Educadora e consultora pedagógica na rede particular de ensino
- Autora de vários livros didáticos

Aninha Abreu

- Licenciada em Pedagogia
- Psicopedagoga clínica e institucional
- Especialista em Educação Infantil e Educação Especial
- Gestora de instituições educacionais do Ensino Fundamental e do Ensino Médio
- Educadora e consultora pedagógica na rede particular de ensino
- Autora de vários livros didáticos

> "O essencial é invisível aos olhos."
> Antoine de Saint-Exupéry

Sumário

🟡 Linguagem

Atividades iniciais... 7
Abacaxi 15
Elefante... 35
    Revisando as vogais 51
Ioiô 55
    Revisando as vogais 74
Olho 77
    Revisando as vogais 99
Urso.. 105
    Revisando as vogais 123

🔵 Matemática

Cores primárias 130, 132, 134

Grandezas
    Maior/menor 129
    Estreito/largo... 131
    Grosso/fino.. 133
    Mais alto/mais baixo 139
    Curto/comprido 142

Ideia de quantidade
    Muito/pouco 135

Geometria
    Formas: semelhanças e diferenças.................... 136

Noção de tempo
    Aconteceu primeiro/aconteceu depois........... 137

Capacidade
    Vazio/cheio... 138

Posição
    Vem antes/vem depois.................................... 140
    Primeiro/último 141

Numerais de 0 a 9.................................... 143 a 178

🟢 Natureza

Corpo humano 179
    Partes do corpo 180
Percebendo o mundo 181
Hábitos de higiene 186
Animais 189
    Cobertura do corpo dos animais 190
    Locomoção dos animais 191
    Animais domesticados 192
    Animais silvestres 193
    Animais filhotes e suas mamães 194
    Animais que podem fornecer alimentos 195
    Animais que podem causar mal aos seres humanos 196
Plantas 197
    Partes das plantas 198

🌸 Sociedade

Você 205
    Suas características 207
Suas preferências 208
Você e sua família 209
    Parentes 211
    Atividades em família 212
Moradia 213
    Cômodos 214
Escola 216
Meios de comunicação 222
Meios de transporte 223

NOME: _____ DATA: _____

 **Atividades**

1) Este é Caio, ele tem 4 anos e na escola fez um lindo crachá. Observe.

> **Nome:** Caio Antônio Sady Facchinetti
>
> **Escola:** Mundo Encantado
>
> **Ano:** Educação Infantil 1

Acervo pessoal

2) Com a ajuda do professor, faça como Caio e preencha o crachá abaixo com seus dados.

> **Nome:** _____
>
> _____
>
> _____
>
> **Escola:** _____
>
> _____
>
> _____
>
> **Ano:** _____

Cole aqui sua foto 3×4.

3 Ligue cada personagem ao nome dele.

NOME: _____ DATA: _____

1 Leve Caio até a escola.

2 Circule o material escolar e faça um **X** nos objetos que não são parte dele.

NOME: _____ DATA: _____

1 Ligue cada figura a sua sombra.

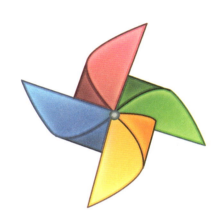

2 Ligue as figuras iguais. Depois, pinte-as.

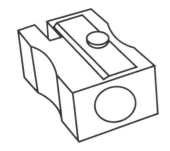

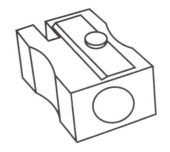

NOME: _____ DATA: _____

1▸ Cubra o tracejado e leve o lápis até o livro.

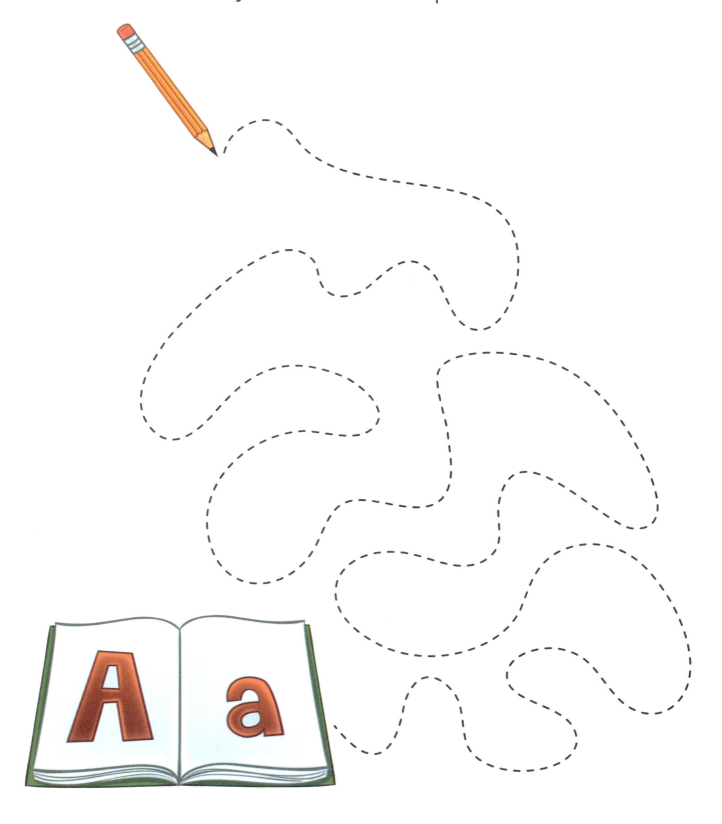

2 Observe a sombra e pinte a foca correspondente.

NOME: _____ DATA: _____

1ᐅ Pinte o abacaxi e complete o nome dele com a vogal **A**.

___ B ___ C ___ XI

A   a

a   a

2 ▸ Ajude a abelha a chegar até a colmeia pintando o caminho.

NOME: _____ DATA: _____

 **Atividades**

1. Leve a letra **A** até as figuras e pinte-as.

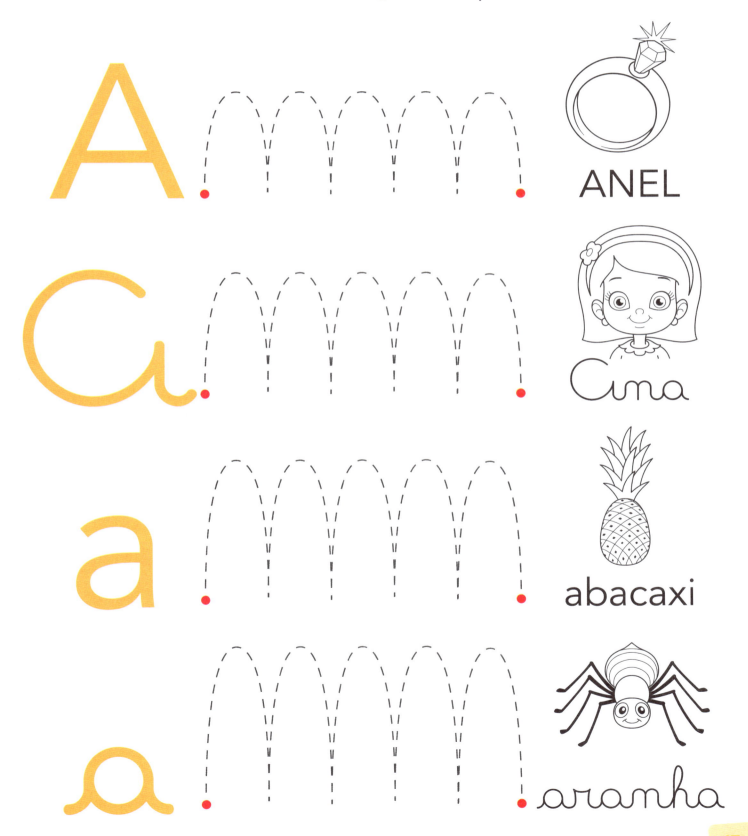

2 Ligue a letra **A** às palavras que começam com o mesmo som.

• APITO

• BOLA

• ANEL

• ARARA

NOME: _____ DATA: _____

1. Picote o papel **amarelo** da página 21 e cole-o na letra **A**.

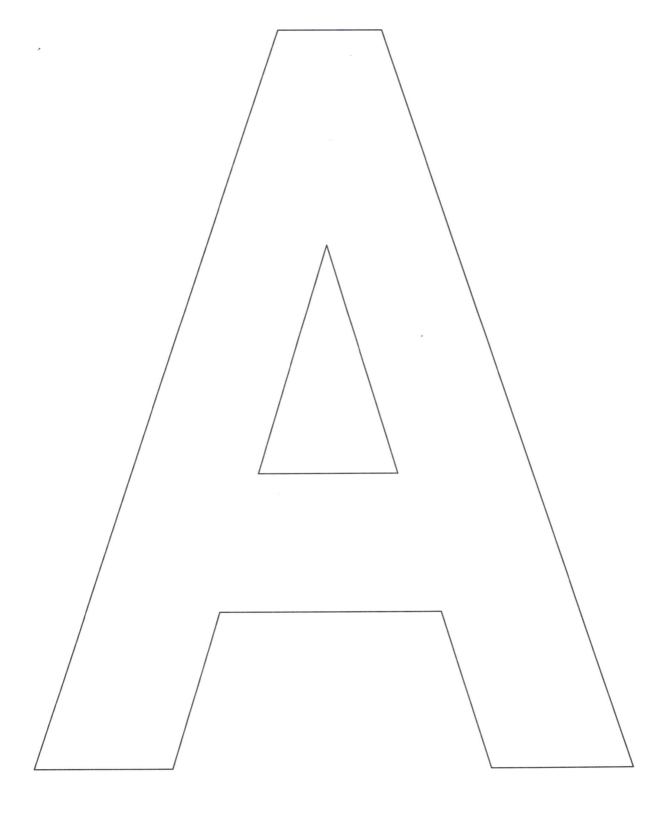

NOME: _____ DATA: _____

1▸ Vamos recortar! Recorte seguindo o tracejado, picote as tirinhas e cole-as na página 19.

NOME: _____ DATA: _____

1 ▸ Cubra o tracejado da letra a.

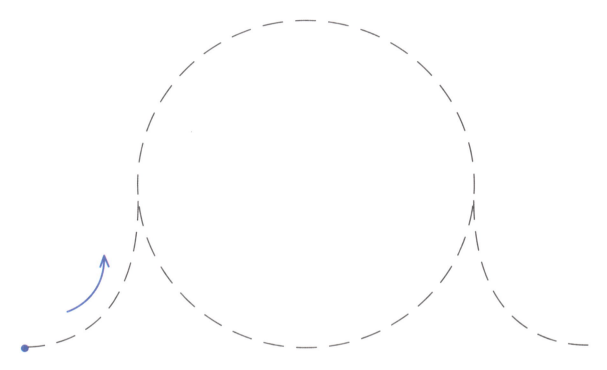

2 ▸ Marque um **X** nas figuras cujo nome começa com a letra a.

bola ☐

avião ☐

asa ☐

pião ☐

23

Alecrim dourado

Alecrim, alecrim dourado
que nasceu no campo
sem ser semeado.

Foi meu amor
quem me disse assim,
que a flor do campo
é o alecrim.

Cantiga.

3 Circule na música todas as letras **a**.

4 Cubra o tracejado da letra a e copie-a na linha.

NOME: _____ DATA: _____

 **Atividade**

1. Pesquise em revistas, jornais e folhetos palavras com a letra **a**, **A**, a e A. Recorte-as e cole-as abaixo.

NOME: _____ DATA: _____

1 ▸ Cubra o tracejado das figuras geométricas. Depois, ligue as formas iguais e pinte-as fazendo a correspondência.

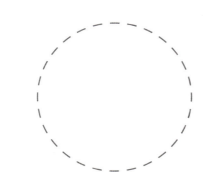

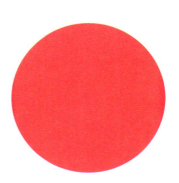
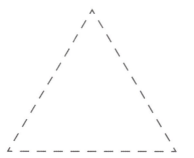

2 Observe as imagens e circule a figura que é igual à do quadro em destaque.

NOME: _____ DATA: _____

1 ▸ Faça um **X** nas figuras cujo nome começa com o som da letra **A**.

2 ▸ Pinte os quadros com a letra **A** nas palavras a seguir.

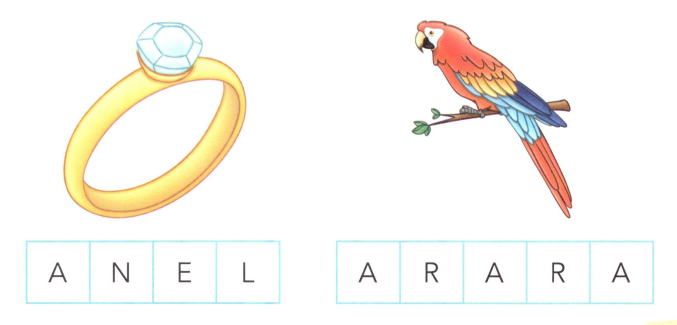

| A | N | E | L | | A | R | A | R | A |

3 ▸ Ligue a figura ao nome correspondente.

4 ▸ Cubra o tracejado da letra  **e copie-a na linha.**

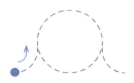   

NOME: _____ DATA: _____

1 ▸ Recorte o quebra-cabeça e monte-o na página 33.

NOME: _____ DATA: _____

1▸ Cole aqui o quebra-cabeça da página 31.

NOME: _____ DATA: _____

1. Pinte o elefante e complete o nome dele com a letra **E**.

__L__FANT__

2 Circule as figuras cujo nome começa com o som da letra **E**.

NOME: _____ DATA: _____

1 Cubra o tracejado e leve o elefante até a letra **E**.

2 ▸ Ligue a letra **E** às palavras que começam com o mesmo som.

• EVA

• ALINE

E •

• MÃE

• ESCOLA

NOME: _____ DATA: _____

1 Pinte a letra **E** com tinta **azul**.

NOME: _____ DATA: _____

1 Leve a letra **E** até as figuras e pinte-as.

2 ▸ Circule a letra **E** nas palavras a seguir.

TELEFONE

EMÍLIA

CADEIRA

PENA

PEIXE

ÁRVORE

NOME: _____ DATA: _____

1 Cubra o tracejado da letra ℓ.

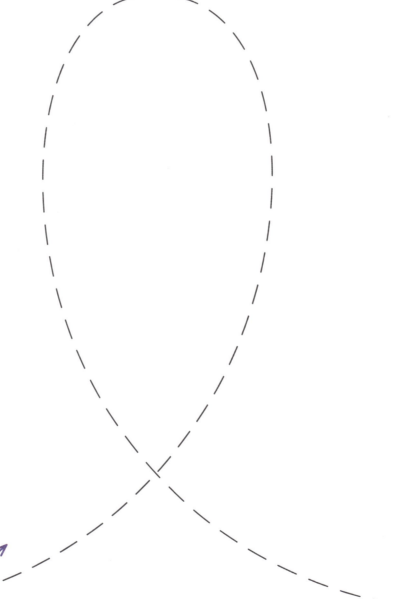

2 Cubra o tracejado da letra ℓ e copie-a na linha.

3 Ligue o nome ao animal.

esquilo•

ema•

elefante•

NOME: _____ DATA: _____

 **Atividades**

1 ▸ Ajude a ema a encontrar seu ovo.

2 Circule as palavras que começam com a letra **E**, **e**, $\mathcal{E}$ ou $\mathcal{l}$.

asa $\mathcal{escada}$

aquário

$\mathcal{Ema}$

elefante   **EVA**

$\mathcal{escola}$

3 Pinte o animal cujo nome começa com a letra $\mathcal{l}$.

galinha   esquilo   gato

NOME: _____ DATA: _____

Pai Francisco

Pai Francisco entrou na roda
Tocando seu violão,
Da-ra-rão, dão, dão.
Vem de lá Seu Delegado
E Pai Francisco foi pra prisão.
Como ele vai todo requebrado,
Parece um boneco desengonçado.

Cantiga.

1. Circule na música todas as letras **e**.

2 ▸ Cubra o tracejado da letra ℓ e copie-a na linha.

3 ▸ Pinte os quadros com a letra **E** nas palavras a seguir.

NOME: _____ DATA: _____

1. Pesquise em revistas, jornais e folhetos palavras com a letra **e**, **E**, ℓ e Ɛ. Recorte-as e cole-as abaixo.

49

NOME: _____ DATA: _____

Revisando as vogais

1 ▸ Cubra o tracejado das letras a seguir e copie-as.

 _____

 _____

51

2 Em cada quadro, observe a letra em destaque e pinte a figura cujo nome começa com o mesmo som.

A

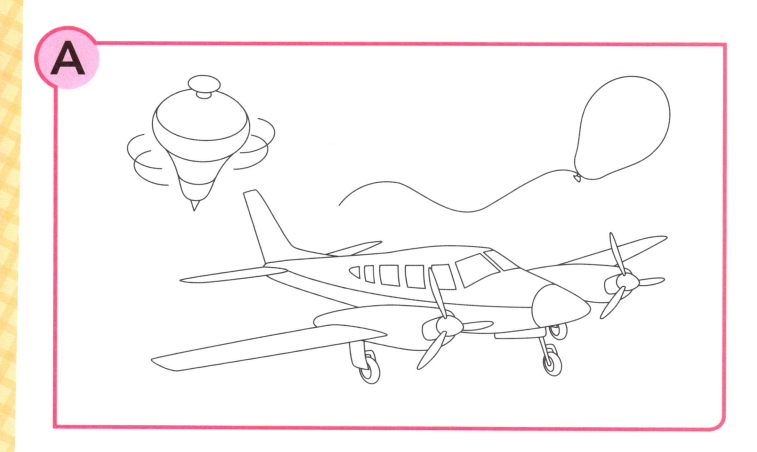

E

NOME: _____ DATA: _____

1 ▸ Pinte as figuras e complete as palavras com as vogais **A** e **E**.

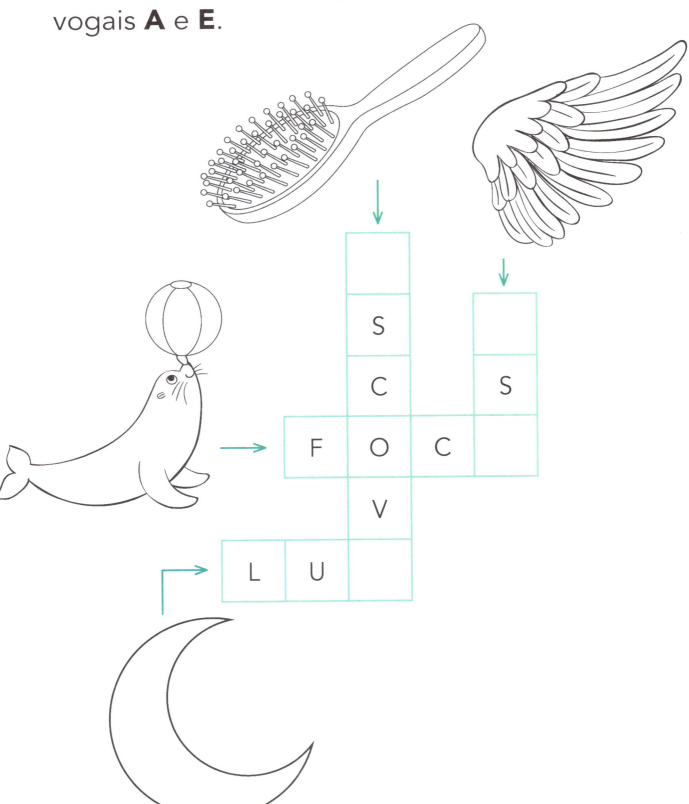

2 Observe cada quadro e pinte a figura diferente.

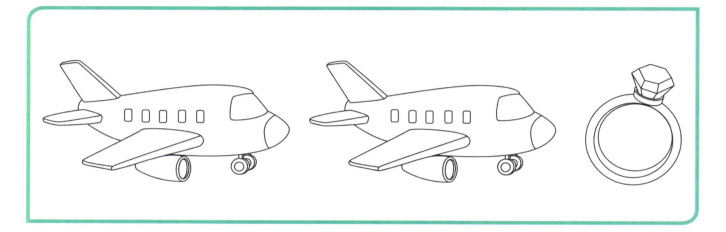

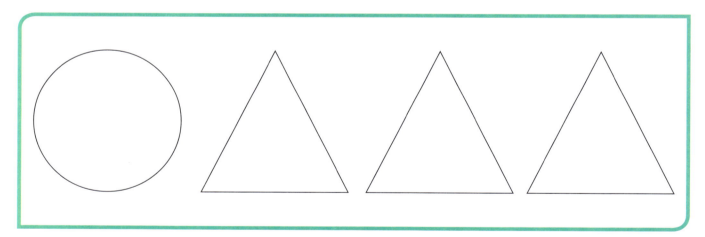

NOME: _____ DATA: _____

1) Pinte o ioiô e complete o nome dele com a vogal **I**.

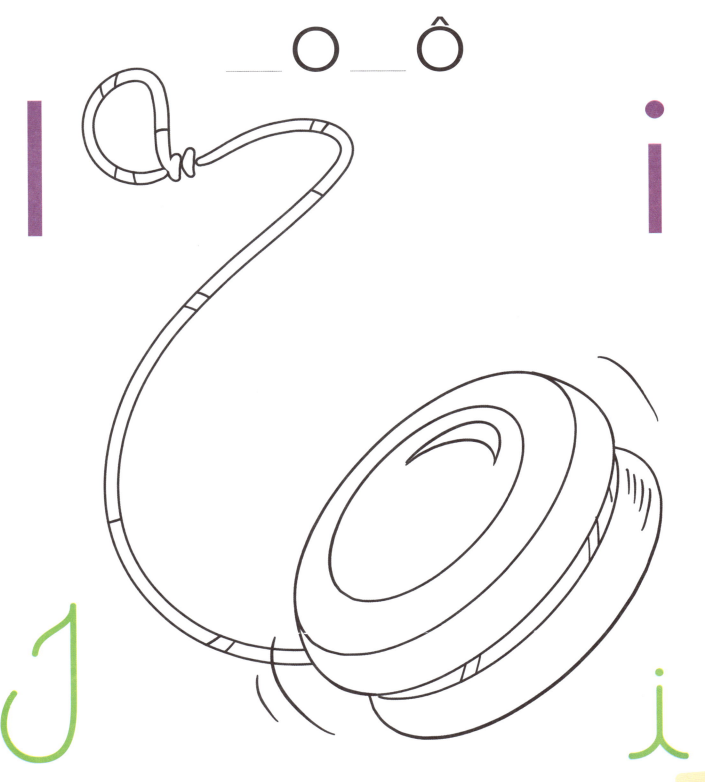

___o ___ô

2 Circule as figuras cujo nome começa com o som da letra **I**.

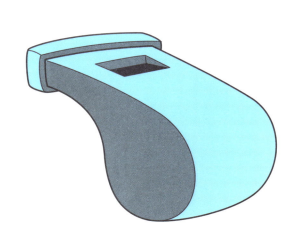

NOME: _____ DATA: _____

1 Leve a letra **I** até as figuras e pinte-as.

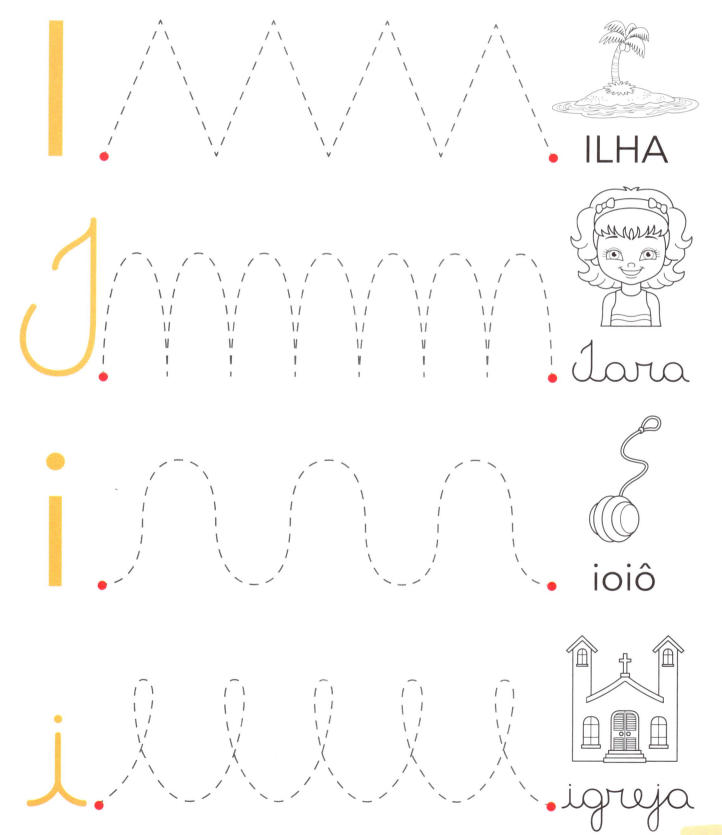

2 ▸ Ligue a letra **I** às palavras que começam com o mesmo som.

• IGLU

• EMA

I •

• ÍMÃ

• IGUANA

NOME: _____ DATA: _____

Roda, pião

O pião entrou na roda, pião.
O pião entrou na roda, pião.
Roda, pião, bambeia, pião.

Sapateia no tijolo, pião.
Sapateia no tijolo, pião.
Roda, pião, bambeia, pião.

A menina não é capaz
De rodar pião no chão.
Roda, pião, bambeia, pião.

Cantiga.

1 ▸ Circule na música todas as letras **i**.

2 ▸ Pinte os quadros com a letra **I** nas palavras.

| P | I | R | U | L | I | T | O |

| I | G | R | E | J | A |

3 Observe as figuras e escreva a letra inicial de cada nome.

NOME: _____ DATA: _____

1 Picote papel **vermelho** e cole na letra **i**.

NOME: _____ DATA: _____

1) Cubra o tracejado da letra i com lápis grafite. Depois, passe giz de cera **verde**.

2 Circule a letra **I** nas palavras a seguir.

LÁPIS

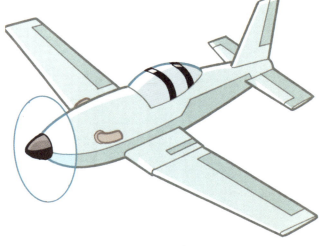
AVIÃO

IGLU

IVO

IGUANA

PIPOCA

NOME: _____ DATA: _____

1 ▸ Pinte o ioiô bem bonito.

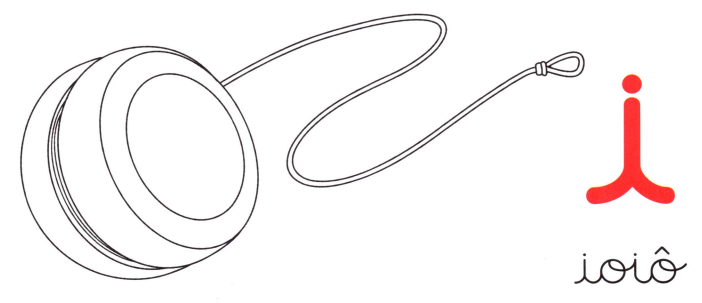

2 ▸ Cubra o tracejado da letra **i** e copie-a na linha.

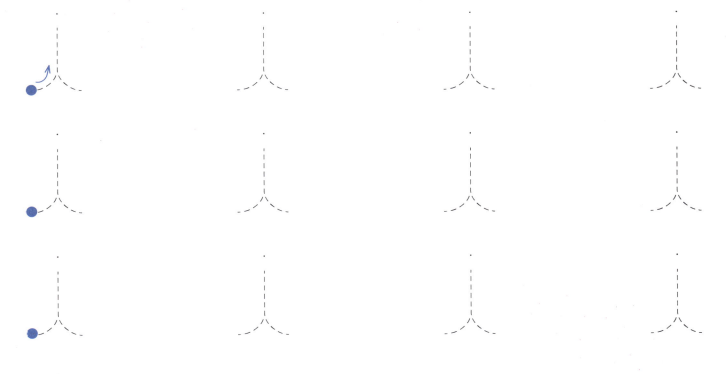

65

3 ▸ Em cada quadro, observe a letra em destaque e circule as letras iguais a ela nas palavras.

A

ÍNDIO ANEL

Pai

AVIÃO EVA

ARARA

E

EMA ELEFANTE

IOIÔ

Escola azul

I

ABACAXI IGREJA

CASA mamãe

ILHA

NOME: _____ DATA: _____

1 Pesquise em revistas, jornais e folhetos palavras com a letra i, I, 𝒾 e 𝓙. Recorte-as e cole-as abaixo.

NOME: _____ DATA: _____

1 ▸ Recorte o quebra-cabeça e monte-o na página 71.

NOME: _____ DATA: _____

Atividade

1) Cole abaixo o quebra-cabeça da página 69.

71

NOME: _____ DATA: _____

1 ▸ Ligue cada figura a sua sombra.

Revisando as vogais

1. Cubra o tracejado das vogais a, l e i e copie-as nas linhas.

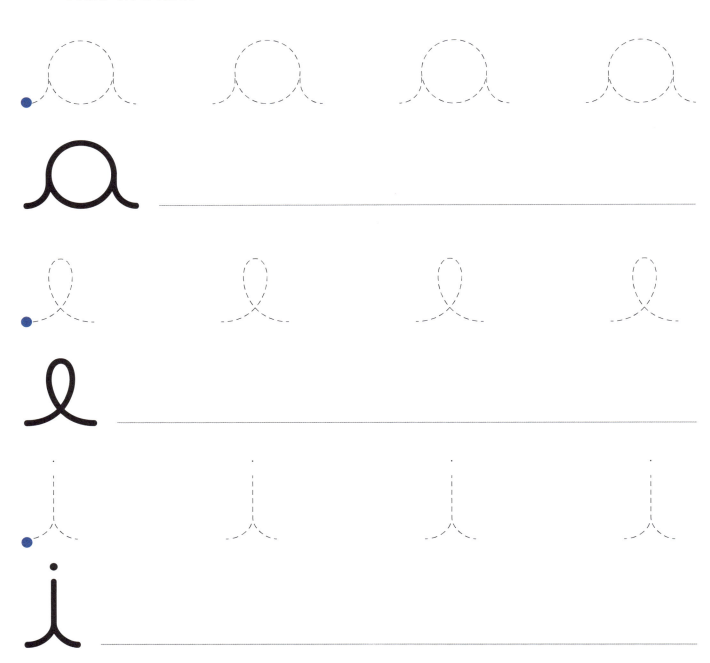

NOME: _____ DATA: _____

1. Ligue cada animal a seu nome.

• IGUANA

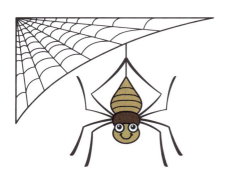

• EMA

• ARANHA

75

2 Ligue as formas geométricas às figuras que se assemelham a elas.

NOME: _____ DATA: _____

1▸ Pinte o olho e complete o nome dele com a vogal **O**.

___ LH ___

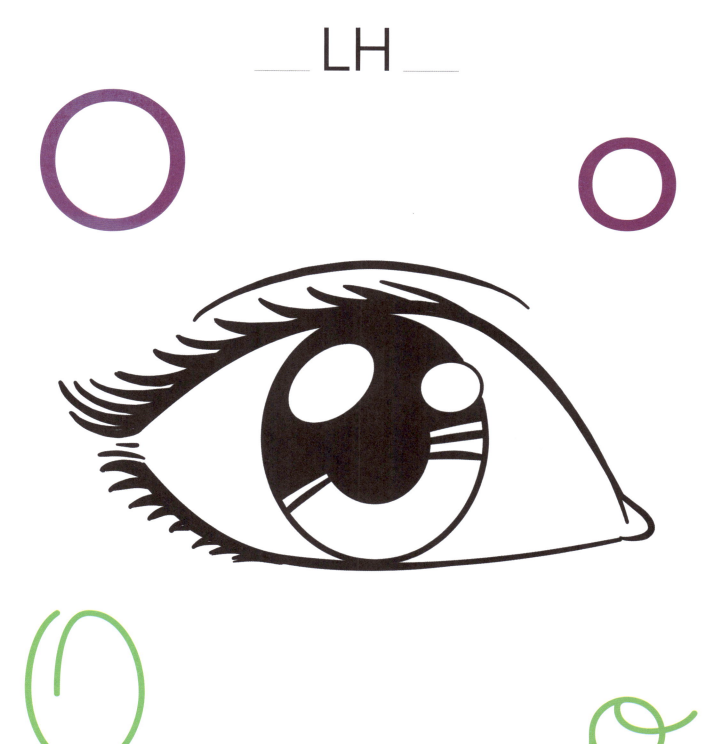

2 Ligue à letra **O** as figuras cujo nome começa com o mesmo som.

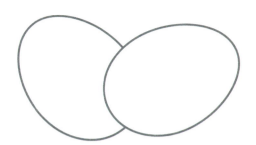

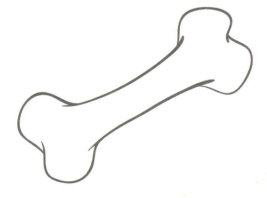

NOME: _____ DATA: _____

1 Leve a letra **O** até as figuras e pinte-as.

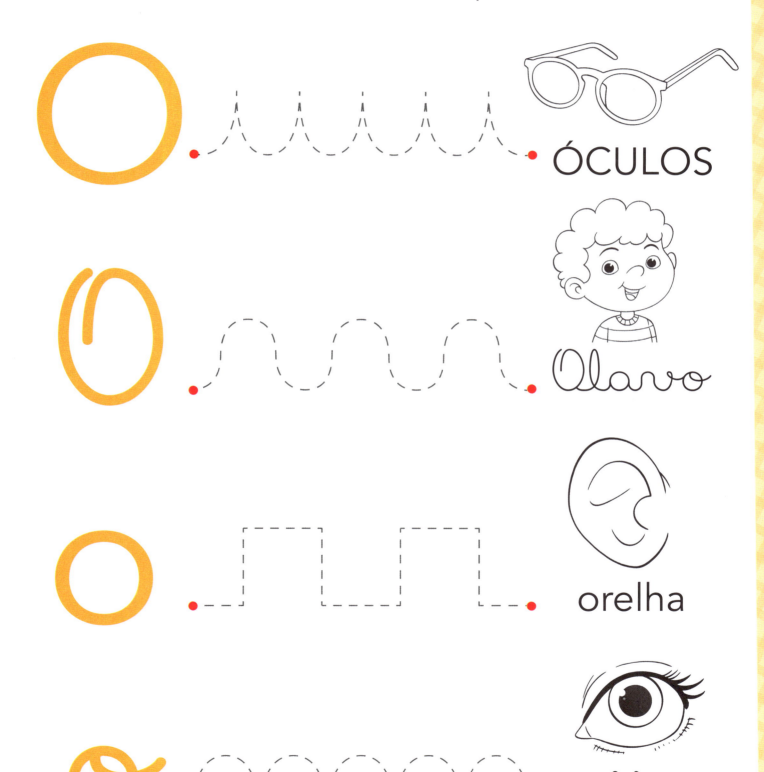

79

2 Ligue a letra **O** às palavras que começam com o mesmo som.

ONÇA

OVO

O

IGREJA

OUVIDO

NOME: _____ DATA: _____

1▸ Ajude o cachorro a encontrar seu osso.

2 Em cada quadro, pinte a figura que está em posição diferente.

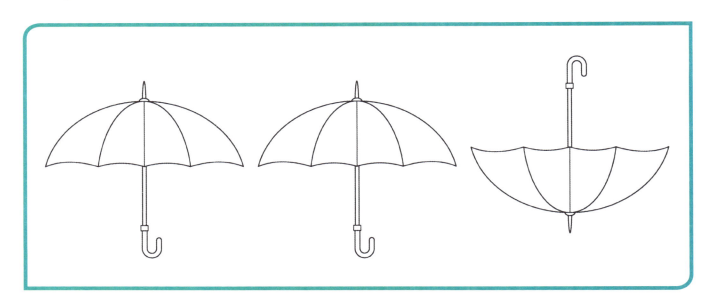

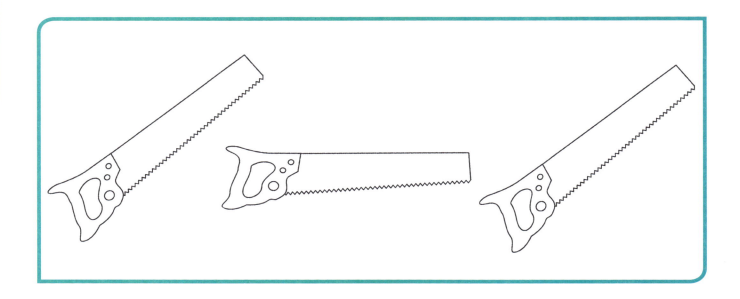

NOME: _____ DATA: _____

1 ▸ Pinte a letra **O** com tinta **verde**.

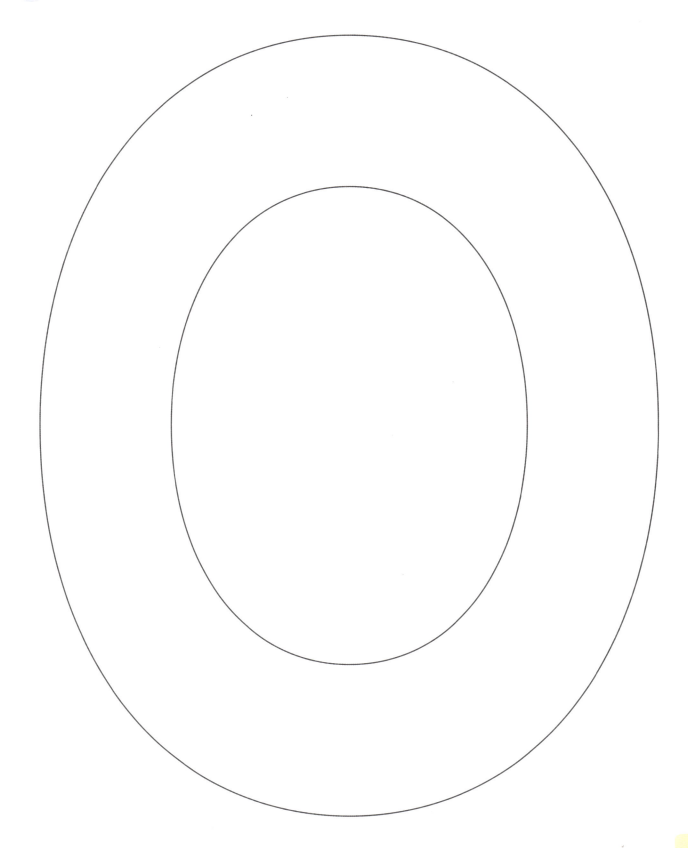

NOME: _____ DATA: _____

1 ▸ Cubra o tracejado da letra ℴ.

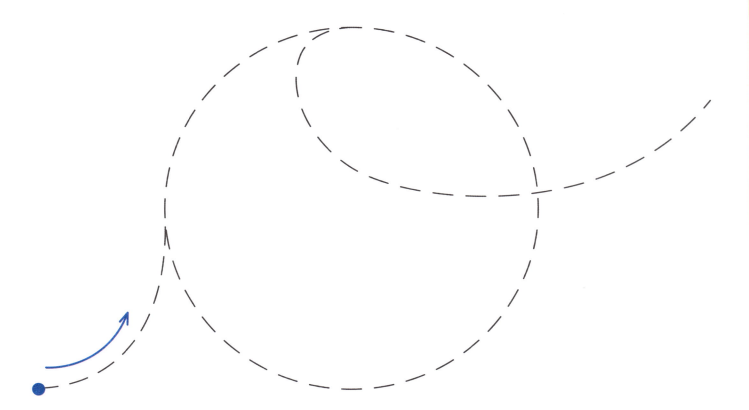

2 Circule a letra **O** nas palavras a seguir.

DEDO

SAPATO

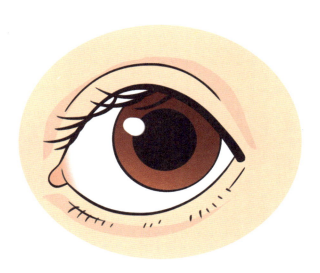
OLHO

VIOLÃO

ONÇA

COPO

NOME: _____ DATA: _____

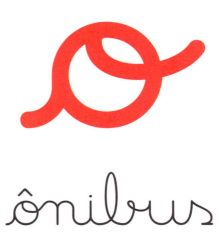

ônibus

1 ▸ Cubra o tracejado da letra *o* e copie-a na linha.

 _____

2) Faça um **X** nas figuras cujo nome começa com o som da letra **O**.

3) Pinte os quadros com a letra **O** nas palavras a seguir.

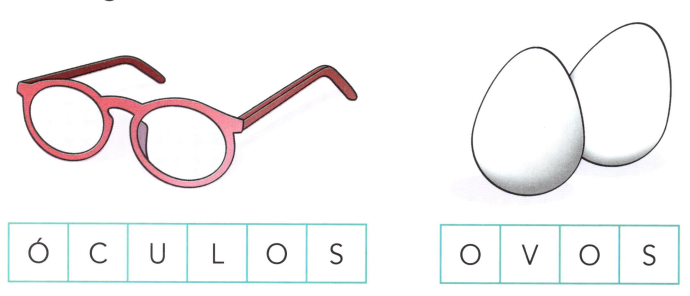

| Ó | C | U | L | O | S |

| O | V | O | S |

NOME: _____ DATA: _____

Sai, piaba

Sai, sai, sai, ô piaba,
sai lá da lagoa.
Sai, sai, sai, ô piaba,
sai lá da lagoa.

Bota a mão na cabeça,
outra na cintura,
dá um remelexo no corpo,
dá um abraço no outro.

Cantiga.

1) Circule na música todas as letras **O**.

2) Observe o animal e ligue-o a seu nome.

• ONÇA

• EMA

• ÓCULOS

3 ▸ Encontre **5** diferenças entre as imagens.

NOME: _____ DATA: _____

1. Pesquise em revistas, jornais e folhetos palavras com a letra o, O, *o* e *O*. Recorte-as e cole-as abaixo.

NOME: _____ DATA: _____

1. Cubra o tracejado e faça a correspondência das vogais.

A a	I i
E e	E e
I i	O o
O o	A a

93

2 Assinale em cada quadro a figura diferente.

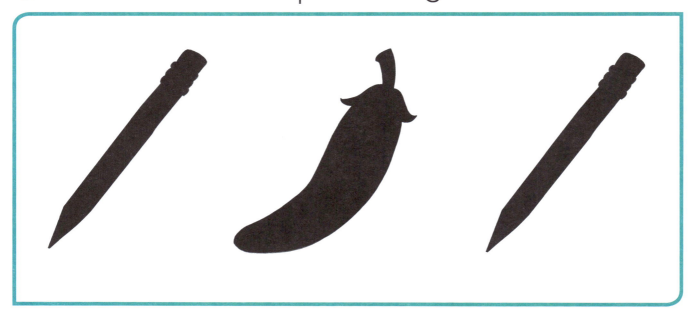

NOME: _____ DATA: _____

 **Atividade**

1 ▸ Recorte as tiras de papel seguindo o tracejado. Depois, cole-as na página 97, decorando a bola.

NOME: _____ DATA: _____

1▸ Enfeite a bola com pedaços de papéis coloridos recortados da página 95 e, depois, complete o nome desse objeto escrevendo as vogais.

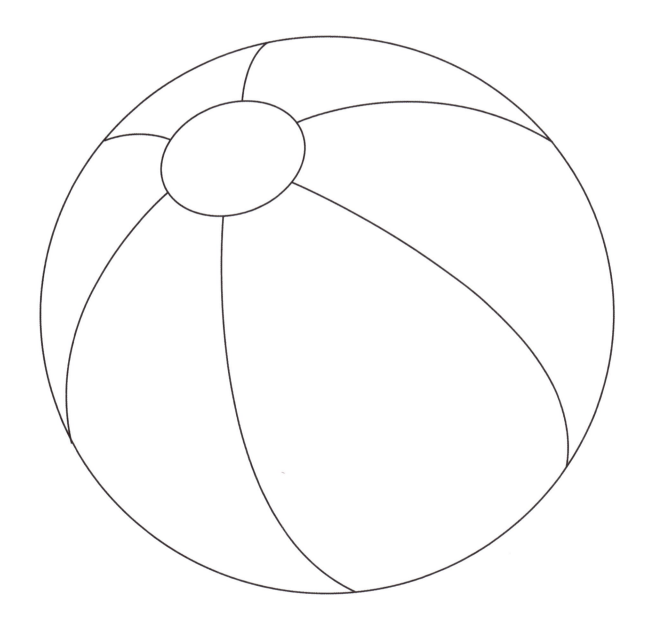

b ___ l ___

NOME: _____ DATA: _____

Revisando as vogais

1. Cubra o tracejado das vogais a, e, i e o e copie-as nas linhas.

2 Complete o diagrama de palavras com as vogais.

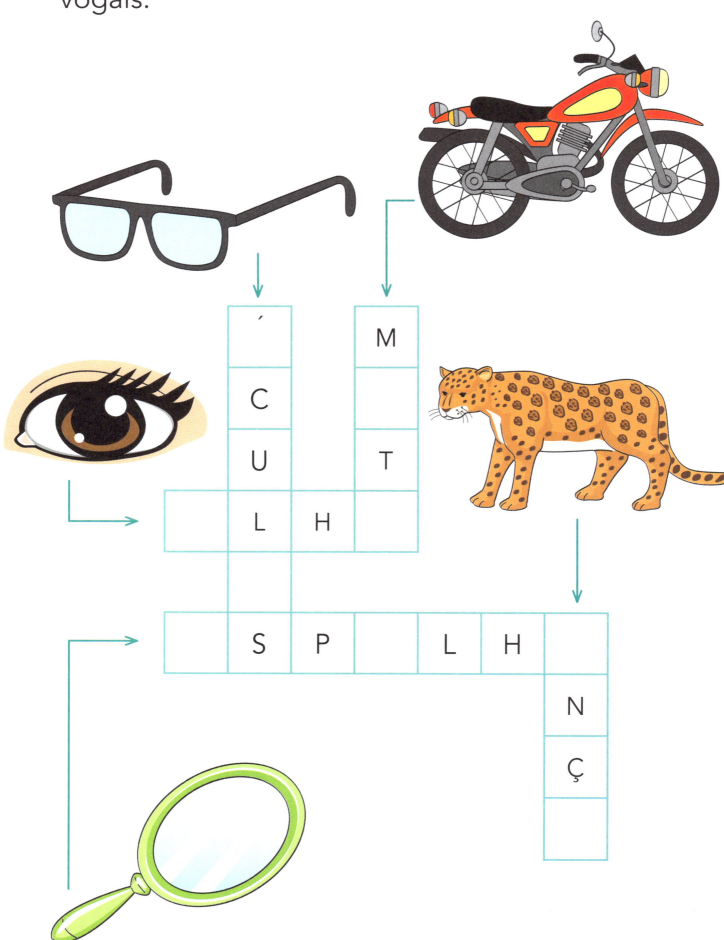

NOME: _____ DATA: _____

Atividade

1 ▸ Recorte as figuras da página 103 e cole-as a seguir nos lugares corretos.

ABELHA

ESTRELA

ILHA

OVO

101

NOME: _____ DATA: _____

1. Recorte as figuras nas linhas tracejadas e cole-as na página 101, nos lugares corretos.

NOME: _____ DATA: _____

1 ▸ Pinte o urso e complete o nome dele com a vogal **U**.

2 Circule as figuras cujo nome começa com o som da letra **U**.

URUBU

MORANGO

UNHA

UVA

CÃO

NOME: _____   DATA: _____

1 Leve a letra **U** até as figuras e pinte-as.

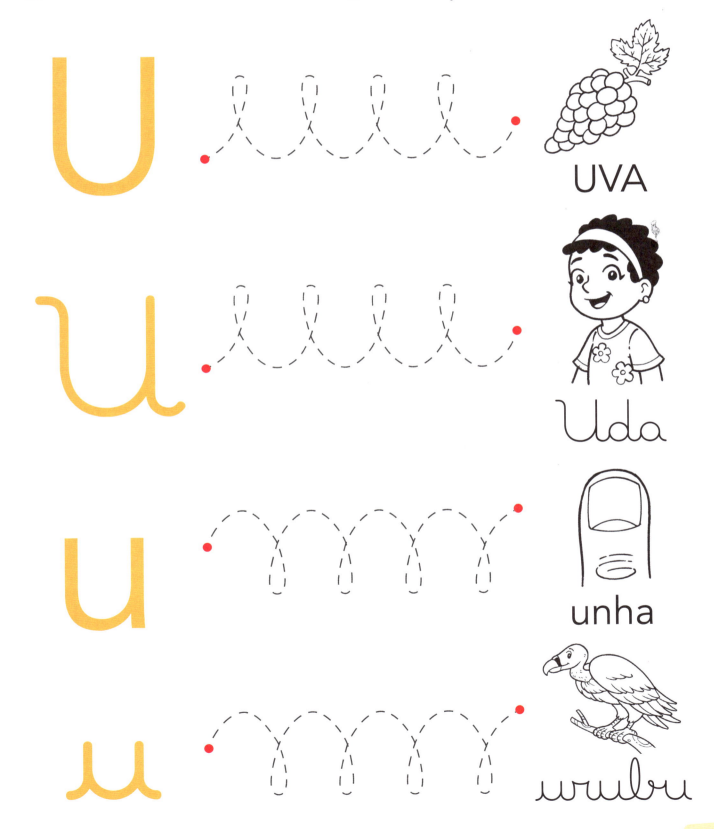

2 Ligue a letra **U** às palavras que começam com o mesmo som.

- URUBU

- ONDA

U

- UMBIGO

- UAI

NOME: _____ DATA: _____

1▸ Ajude o urso a encontrar seu filhote no labirinto.

2 Circule a letra **U** nas palavras a seguir.

TATU

BUZINA

ÓCULOS

CAJU

PIRULITO

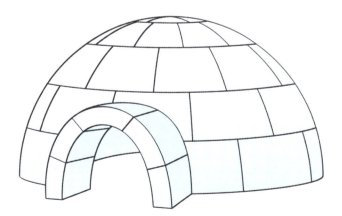

IGLU

NOME: _____ DATA: _____

1▸ Pinte a letra **U** com tinta **laranja**.

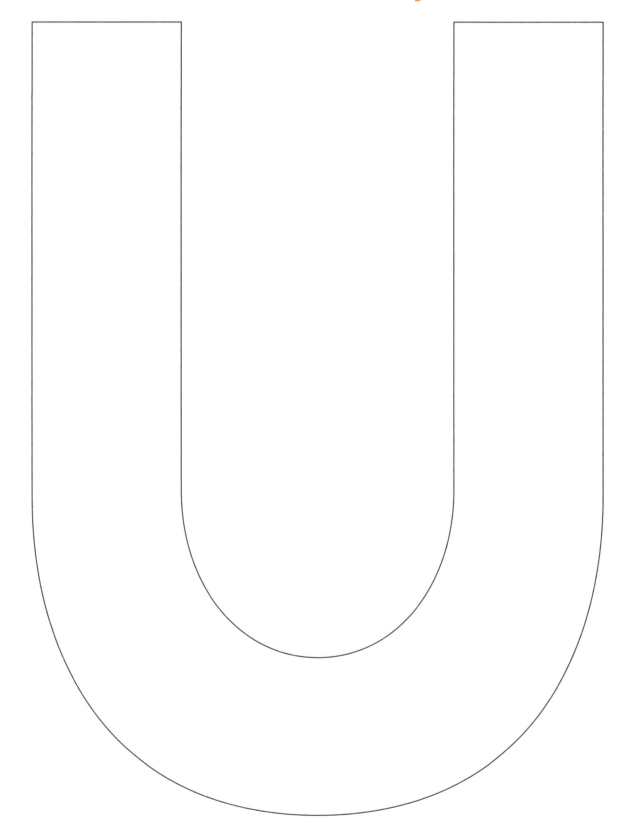

NOME: _____ DATA: _____

1 Cubra o tracejado da letra ᴜ. Depois, passe cola sobre o traçado e cubra-o com lã colorida.

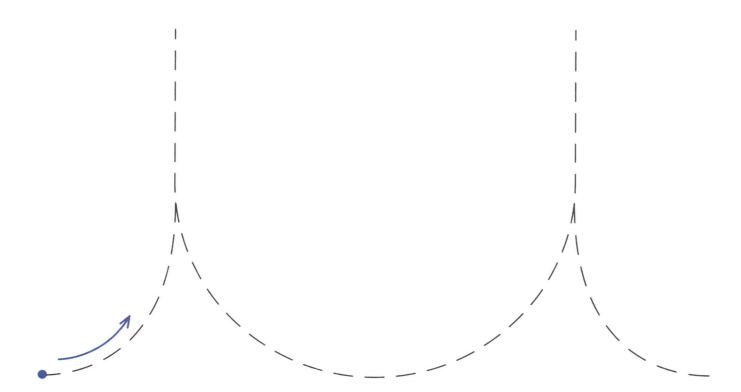

NOME: _____ DATA: _____

Casinha

Fui morar numa casinha-nhá
infestada-da de cupim-pim-pim.
Saiu de lá-lá-lá
uma lagartixa-xá.
Olhou pra mim,
olhou pra mim e fez assim:
Smack! Smack!

Cantiga.

1. Circule na música todas as letras **u**.

2. Cubra o tracejado da letra ᴜ e copie-a na linha.

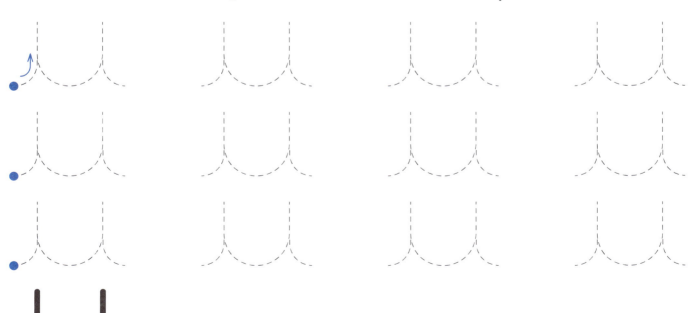

3 Ligue cada figura à vogal que inicia seu nome.

NOME: _____ DATA: _____

1. Pesquise em revistas, jornais e folhetos palavras com a letra **u**, **U**, ᴜ e U. Recorte-as e cole-as abaixo.

NOME: _____ DATA: _____

1. Em cada quadro, pinte a figura que não faz parte do grupo.

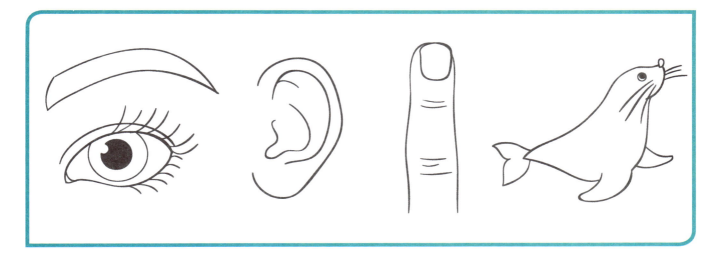

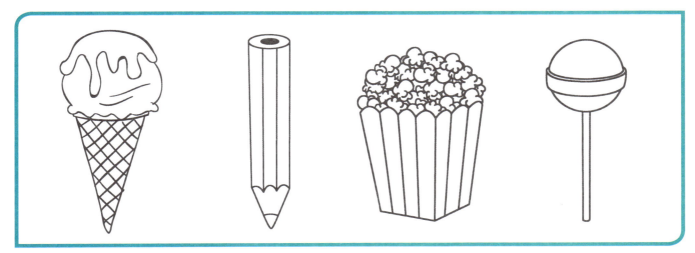

2 Complete o diagrama de palavras com as vogais.

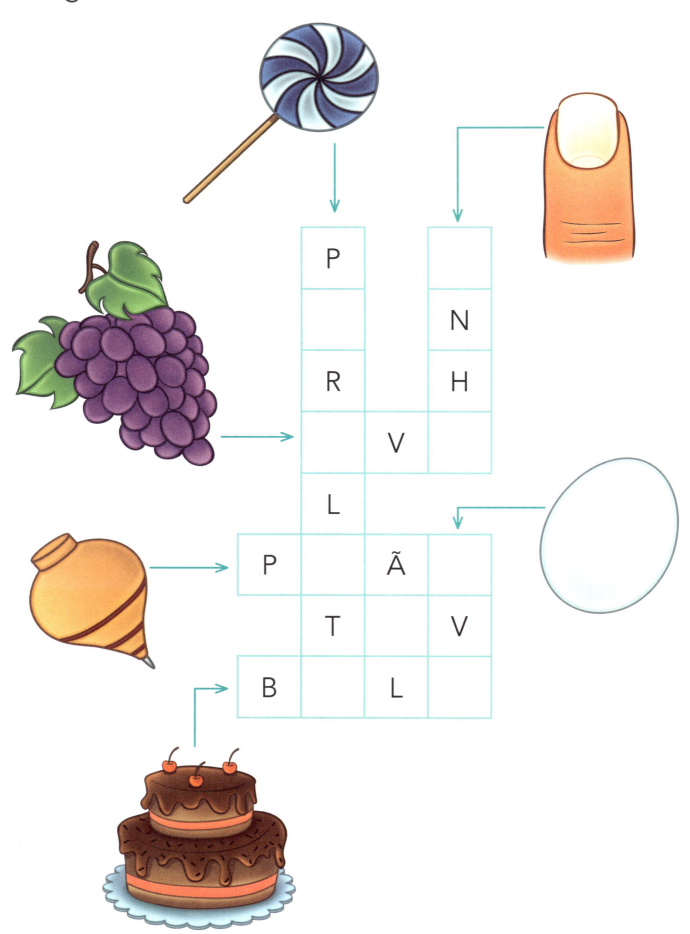

NOME: _____ DATA: _____

1 Complete as palavras com as vogais que faltam.

__ R __ B __

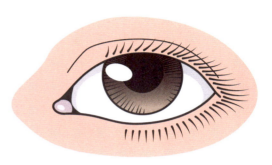

__ LH __

__ O __ Ô

__ R __ R __

__ L __ FANT __

2 Ligue as vogais **minúsculas** às respectivas **maiúsculas**.

a •　　　　　• I

e •　　　　　• O

i •　　　　　• U

o •　　　　　• E

u •　　　　　• A

NOME: _____ DATA: _____

Revisando as vogais

1 Ligue as vogais iguais.

 •   •

 •   •

 •   •

 •   •

2 Cubra o tracejado das vogais a, e, i, o e u. Depois, copie-as nas linhas.

NOME: _____ DATA: _____

1 ▸ Recorte o quebra-cabeça nas linhas tracejadas e monte-o na página 127.

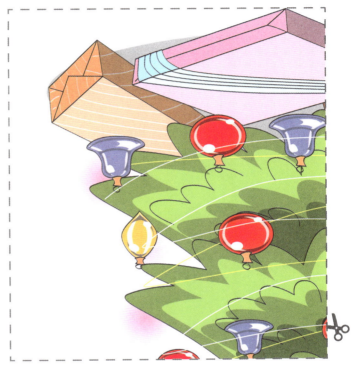

NOME: _____ DATA: _____

Atividade

1) Recorte o quebra-cabeça da página 125 e cole-o aqui.

NOME: _____ DATA: _____

1. Como os palhaços são engraçados! Faça um **X** no palhaço com sapato maior e um **/** no palhaço com sapato menor.

NOME: _____ DATA: _____

1) Pinte o pirulito com cola colorida **vermelha**.

NOME: _____   DATA: _____

1 ▸ As equilibristas são corajosas! Pinte de **vermelho** a fita mais larga. Faça um **/** na fita mais estreita.

NOME: _____ DATA: _____

1▸ Pinte o algodão-doce com giz de cera **azul**.

NOME: _____ DATA: _____

1ᐅ Circule o palhaço de perna de pau mais grossa e faça um **/** no palhaço de perna de pau mais fina.

NOME: _____ DATA: _____

1 ▸ Pinte o balão com tinta guache **amarela**.

NOME: _____ DATA: _____

1 ▸ Circule de **vermelho** o mágico que tirou muitas flores da cartola e circule de **amarelo** o mágico que tirou poucas flores dela.

NOME: _____ DATA: _____

1▸ Ligue os objetos às formas com que se parecem. Depois, pinte-as.

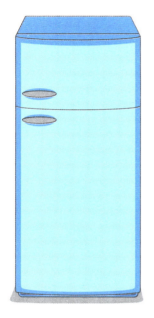

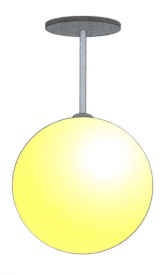

NOME: _____ DATA: _____

1 ▸ Pinte o quadrinho de cada cena de acordo com a legenda.

▦ Aconteceu primeiro.

▦ Aconteceu depois.

NOME: _____ DATA: _____

1 ▸ Circule de **vermelho** o carro cheio e de **azul** o carro vazio.

NOME: _____ DATA: _____

1 ▸ Pinte as bandeiras de acordo com a legenda.

 A que está mais baixa.

 A que está mais alta.

139

NOME: _____ DATA: _____

1 ▸ O circo chegou à cidade. Veja o desfile. Circule de **amarelo** quem vem antes da bailarina. E circule de **vermelho** quem vem depois do mágico.

NOME: _____ DATA: _____

1 ▸ Circule o primeiro da fila. Faça um **X** no último da fila.

NOME: _____ DATA: _____

1 ▸ Pinte a bailarina com a saia curta e circule a bailarina com a saia comprida.

NOME: _____   DATA: _____

1 ▸ Cubra o tracejado para fazer o número 1.

2 ▸ Faça o número 1 cobrindo o tracejado.

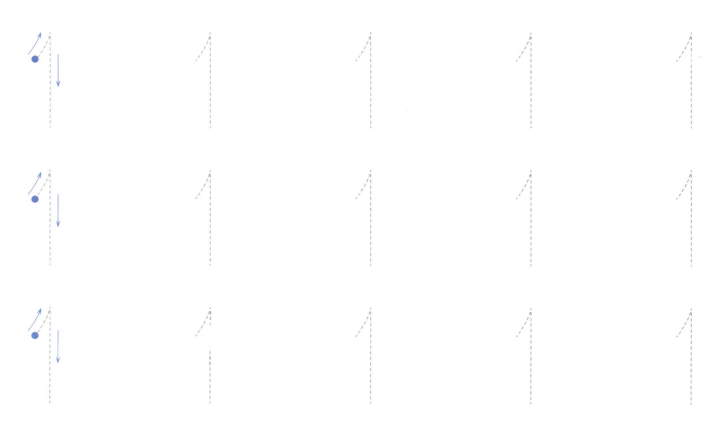

3 ▸ Pinte de **vermelho** 1 bola.

NOME: _____ DATA: _____

1 Cubra o tracejado para fazer o número 2.

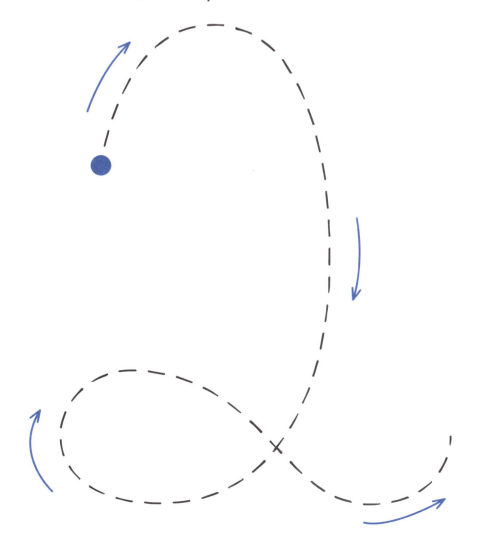

2 ▸ Faça o número 2 cobrindo o tracejado.

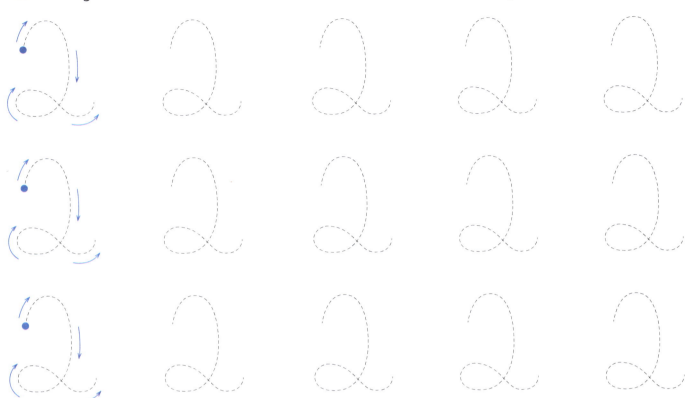

3 ▸ Pinte 2 pratos.

NOME: _____ DATA: _____

1 ▸ Cubra o tracejado para fazer o número 3.

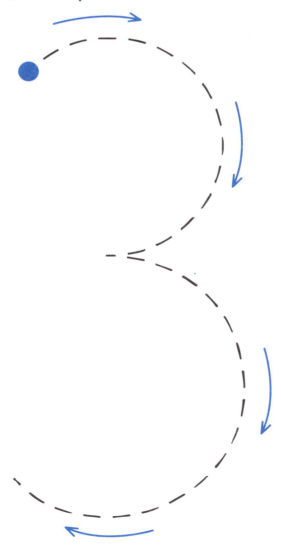

147

2 ▸ Faça o número 3 cobrindo o tracejado.

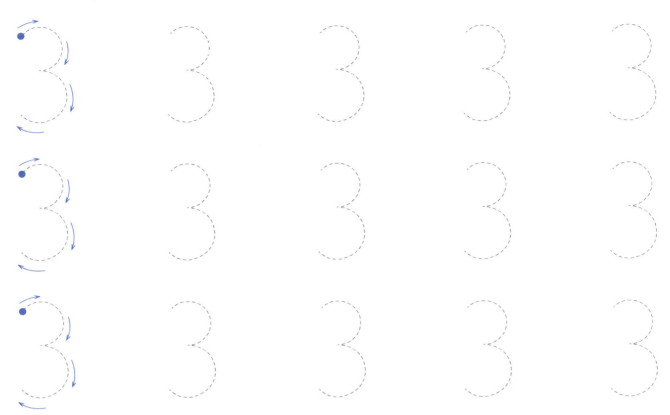

3 ▸ Circule 3 palhaços.

NOME: _____ DATA: _____

1 ▸ Cubra o tracejado e continue escrevendo os números.

2 ▸ Circule 3 equilibristas.

3 ▸ Conte as bailarinas e escreva o número correspondente a elas.

① ② ③

NOME: _____ DATA: _____

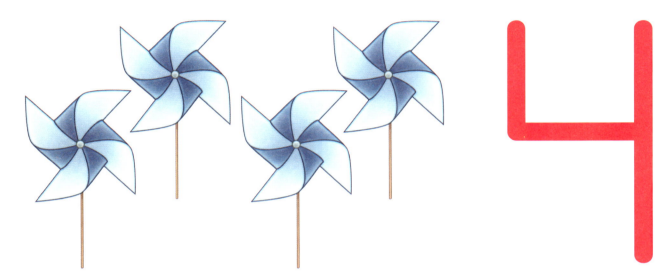

1▸ Cubra o tracejado para fazer o número 4.

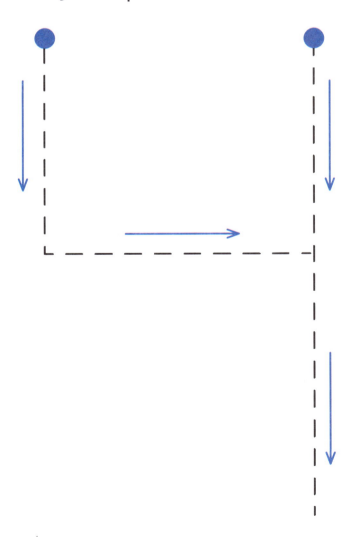

151

2 ▸ Faça o número 4 cobrindo o tracejado.

3 ▸ Conte quantos palhaços há e escreva a quantidade.

NOME: _____ DATA: _____

1 ▸ Conte os elementos e faça a correspondência com os números.

2 Cubra o tracejado e continue escrevendo os números.

1

2

3

4

3 Desenhe 4 elementos.

NOME: _____ DATA: _____

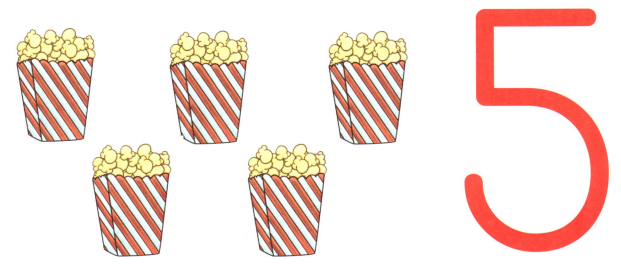

1 Cubra o tracejado para fazer o número 5.

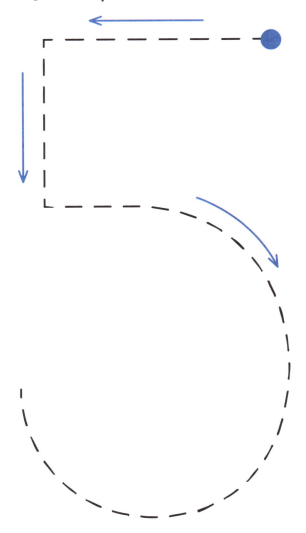

2 ▸ Faça o número 5 cobrindo o tracejado.

3 ▸ Desenhe bolas até completar 5.

NOME: _____ DATA: _____

1. Cubra o tracejado e continue escrevendo os números.

1 _____

2 _____

3 _____

4 _____

5 _____

2 Conte os elementos e faça a correspondência com os números.

NOME: _____ DATA: _____

1 ▸ Cubra o tracejado para fazer o número 6.

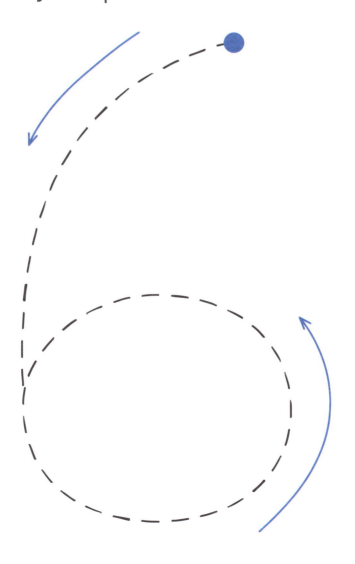

2 ▸ Faça o número 6 cobrindo o tracejado.

3 ▸ Pinte 6 chapéus.

NOME: _____ DATA: _____

1 ▸ Cubra o tracejado e continue escrevendo os números.

2 ▸ Observe o número e desenhe a quantidade de elementos no conjunto.

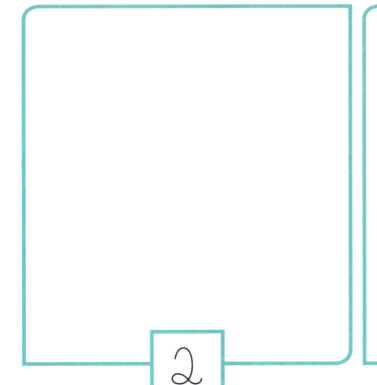

3 ▸ Cubra o tracejado e continue escrevendo o número.

4 ▸ Conte os elementos e escreva o número correspondente a eles.

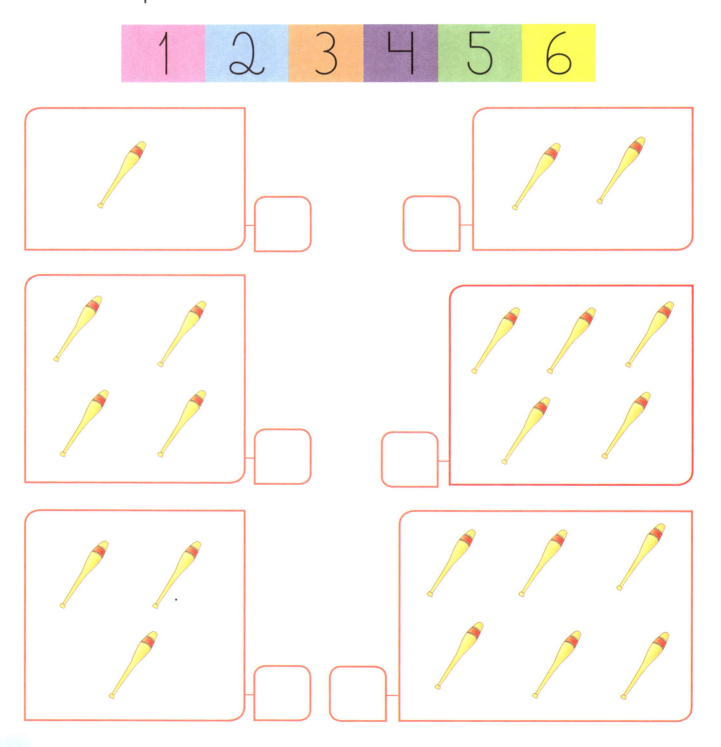

NOME: _____ DATA: _____

1▸ Cubra o tracejado para fazer o número 7.

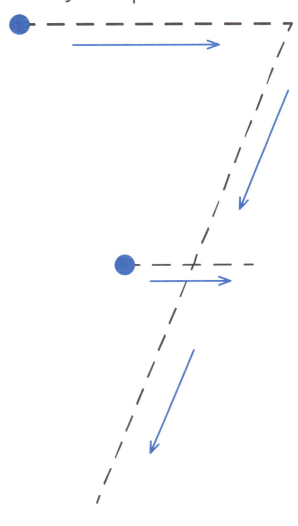

2 ▸ Faça o número **7** cobrindo o tracejado.

3 ▸ Conte os brinquedos e circule **7** deles.

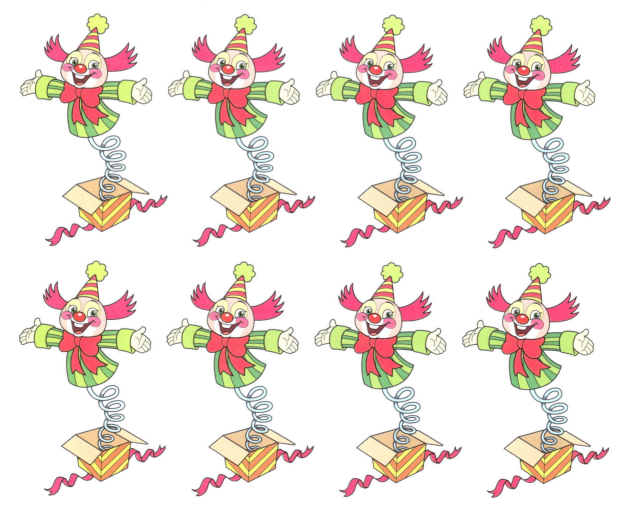

NOME: _____ DATA: _____

1 ▸ Cubra o tracejado e continue escrevendo os números.

2 ▸ Pinte 7 bolas da roupa do palhaço.

3 ▸ Conte os elementos e ligue cada conjunto ao número correspondente.

NOME: _____ DATA: _____

Atividades

1) Cubra o tracejado para fazer o número 8.

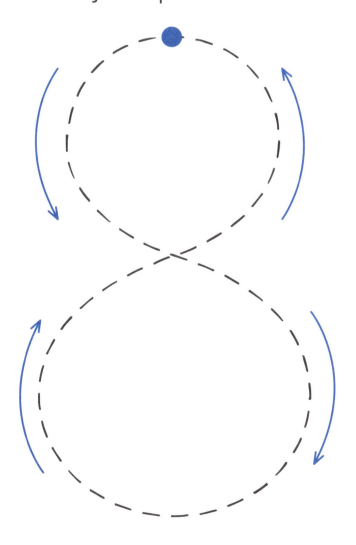

2 Faça o número 8 cobrindo o tracejado.

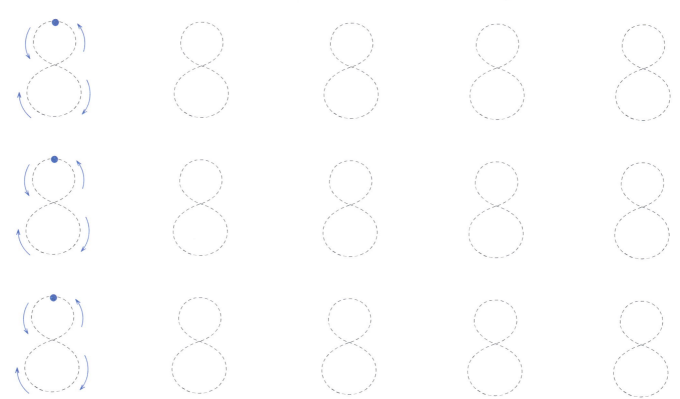

3 Pinte de **azul** 8 pombas.

NOME: _____   DATA: _____

1 ▸ Cubra o tracejado e continue escrevendo os números.

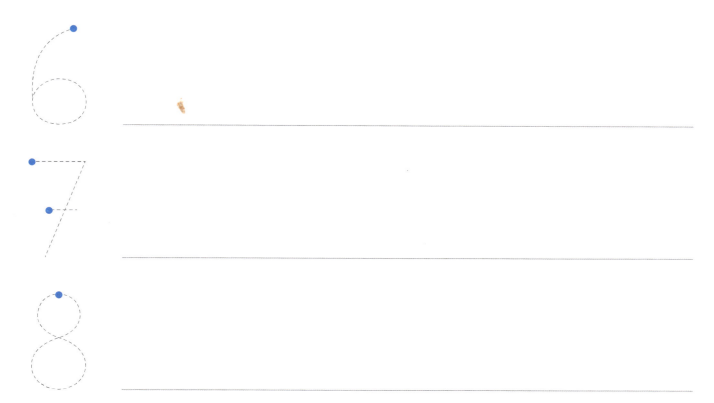

2 ▸ Conte quantas argolas há e escreva o número correspondente.

3 ▸ Complete a sequência.

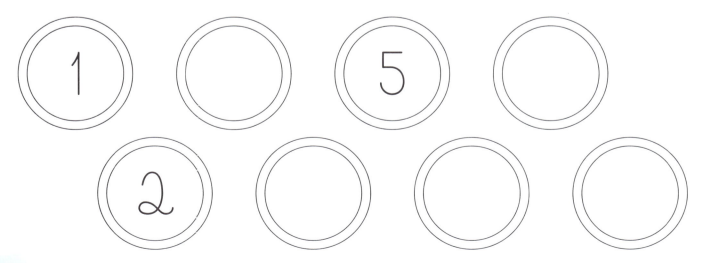

NOME: _____ DATA: _____

Atividades

1 ▸ Cubra o tracejado para fazer o número 9.

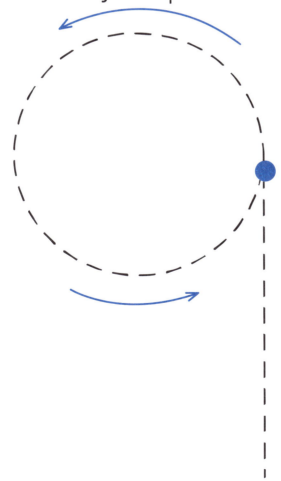

2 ▸ Faça o número 9 cobrindo o tracejado.

3 ▸ Conte os balões e registre as quantidades.

NOME: _____ DATA: _____

1▸ Cubra o tracejado e continue escrevendo os números.

2▸ Desenhe e pinte  balões.

3 Conte os elementos e registre o número.

NOME: _____ DATA: _____

1 ▸ Cubra o tracejado para fazer o número 0.

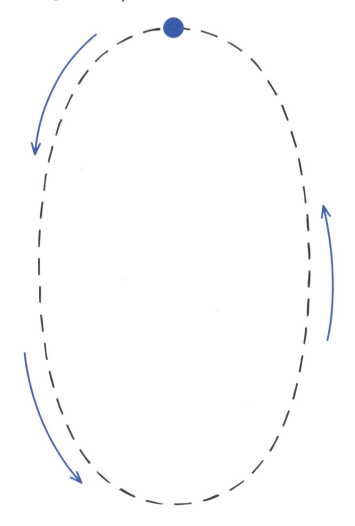

2 ▸ Faça o número 0 cobrindo o tracejado.

3 ▸ Conte os elementos e registre o número.

NOME: _____ DATA: _____

1) Complete a amarelinha com os números que faltam.

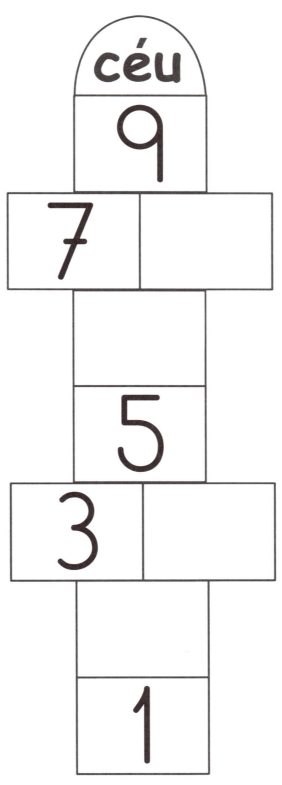

2 ▸ Conte os pássaros e registre a quantidade.

3 ▸ Conte quantos trapezistas há e registre o número.

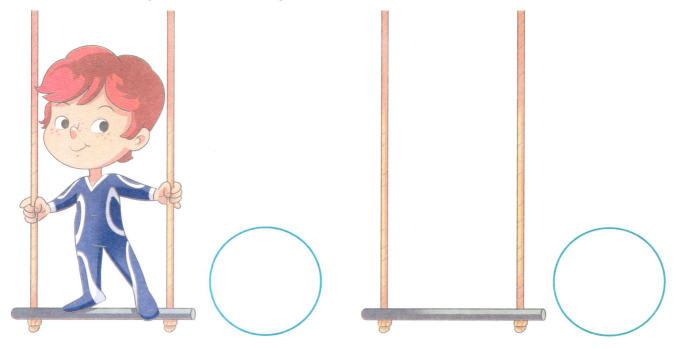

NOME: _____ DATA: _____

Corpo humano

1 ▸ Observe a sombra de diferentes corpos. Depois, circule a do corpo humano.

NOME: _____ DATA: _____

Partes do corpo

1 Escolha uma das crianças e pinte-a de acordo com a legenda.

▨ cabeça   ▨ tronco   ▨ membros (pernas e braços)

NOME: _____ DATA: _____

Percebendo o mundo

Conseguimos perceber tudo o que se passa a nosso redor por meio de nossos sentidos.

1 ▸ Observe a cena e marque um **X** no órgão do sentido que está sendo utilizado para sentir o sabor.

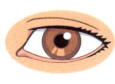  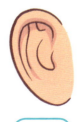 

2 As crianças estão brincando! Qual órgão do sentido foi privado em uma das crianças para a brincadeira acontecer? Desenhe-o no quadro a seguir.

NOME: _____ DATA: _____

3 ▸ Observe a cena e pinte de **vermelho** o quadro com o nome do sentido que fez com que as meninas percebessem a textura das frutas.

VISÃO AUDIÇÃO TATO

GUSTAÇÃO OLFATO

4 Qual sentido fez a menina perceber o som e despertar? Descubra e ligue o nome do sentido ao órgão correspondente.

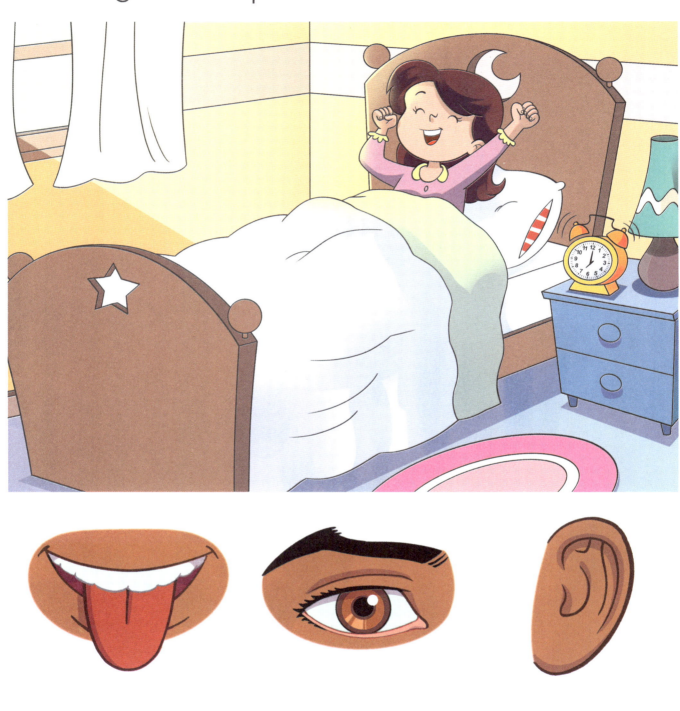

VISÃO　　　AUDIÇÃO　　　GUSTAÇÃO

NOME: _____   DATA: _____

5 ▸ Leve o menino até o saco de pipoca pelo caminho do olfato. Qual é o órgão responsável por esse sentido?

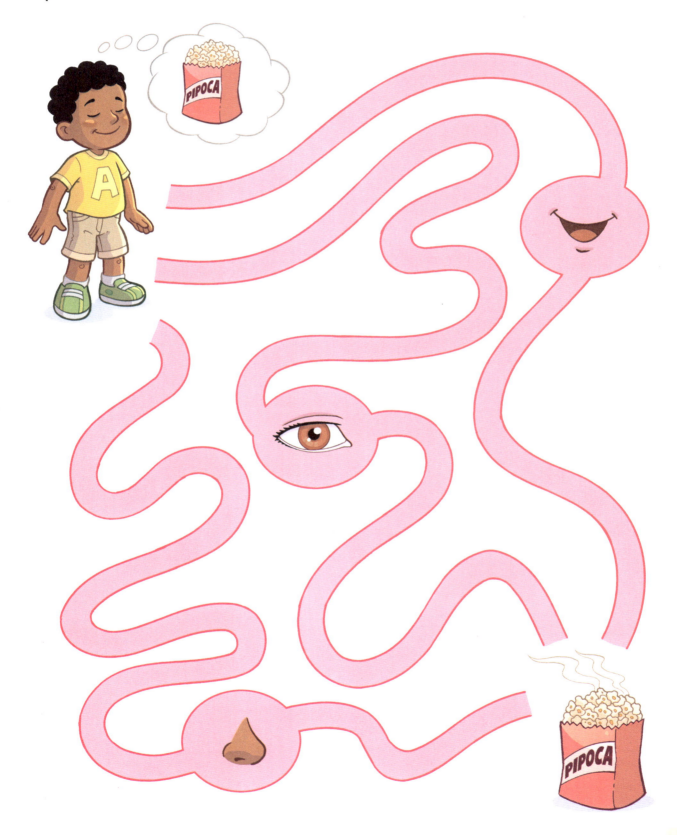

NOME: _____ DATA: _____

Hábitos de higiene

Para termos saúde, devemos manter alguns hábitos de higiene.

1 ▸ Pinte os ☐ dos hábitos de higiene que você mantém.

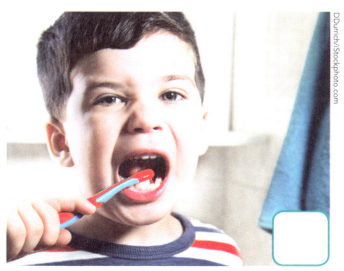

NOME: _____ DATA: _____

2 ▸ Carlos aprendeu que não pode andar descalço porque, além de não ser um hábito de higiene, ele pode se machucar. Ajude-o a chegar ao par de chinelos sem se machucar.

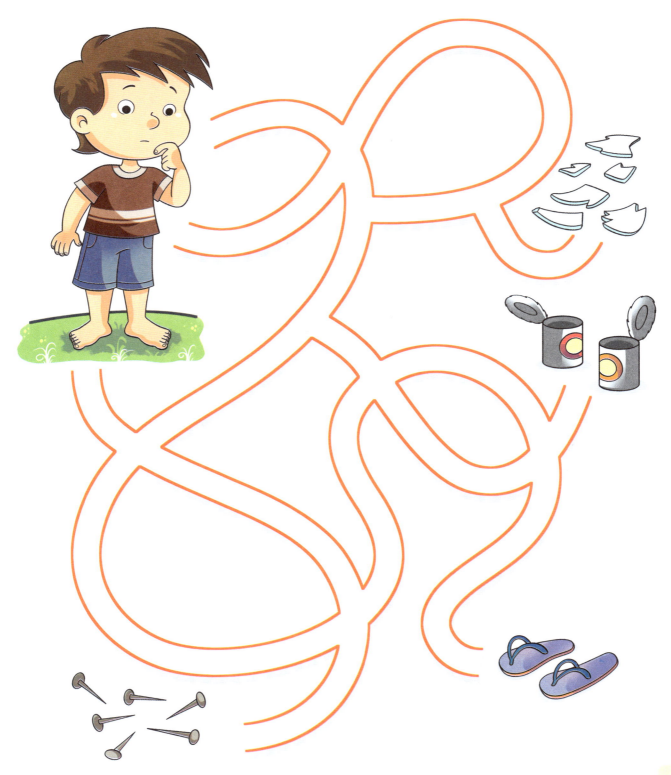

3. Circule outros cuidados que você tem com sua saúde.

IR AO MÉDICO.

TOMAR VACINAS.

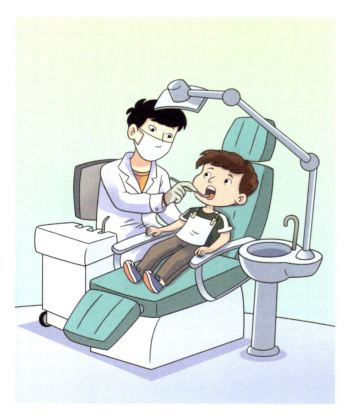

IR AO DENTISTA.

PRATICAR ATIVIDADES FÍSICAS.

NOME: _____ DATA: _____

Animais

1 Pinte os animais.

189

NOME: _____ DATA: _____

Cobertura do corpo dos animais

1 ▸ Circule os animais de acordo com a legenda.

 Corpo coberto de penas.   Corpo coberto de escamas.   Corpo coberto de pelos.

NOME: _____ DATA: _____

Locomoção dos animais

 **Atividade**

1 ▸ Faça um **/** nos animais que rastejam, um **X** nos animais que andam e circule de **amarelo** os animais que voam.

NOME: _____ DATA: _____

Animais domesticados

1 ▸ Circule os animais que podem conviver com os seres humanos.

NOME: _____ DATA: _____

Animais silvestres

1 ▸ Faça um **X** nos animais que nascem e vivem livres na natureza.

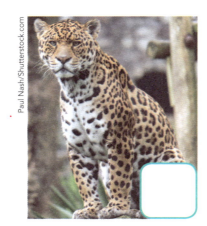

NOME: _____ DATA: _____

Animais filhotes e suas mamães

1 Leve cada filhote a sua mãe.

NOME: _____ DATA: _____

Animais que podem fornecer alimentos

1 ▶ Ligue cada animal aos alimentos que ele pode fornecer aos seres humanos.

NOME: _____ DATA: _____

Animais que podem causar mal aos seres humanos

1 ▸ Pinte de **vermelho** o ☐ correspondente ao animal que pode fazer mal a nossa saúde.

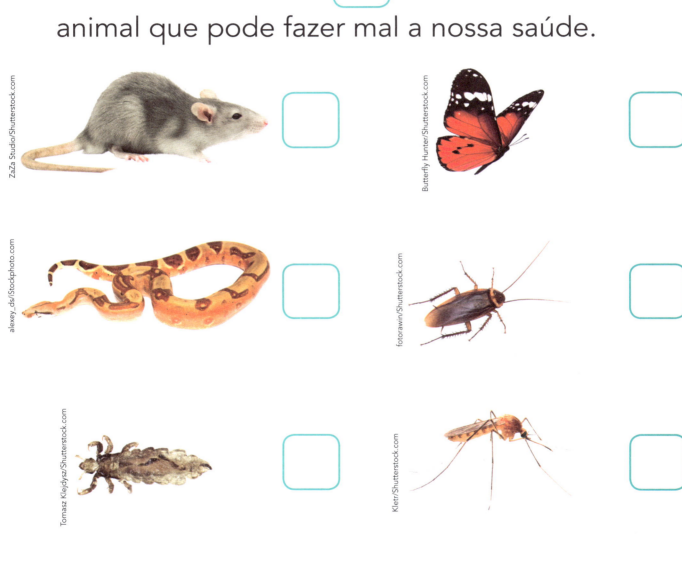

NOME: _____ DATA: _____

Plantas

1 ▸ Faça um **X** nas plantas.

NOME: _____ DATA: _____

Partes das plantas

1▸ Circule as flores e faça um **/** nas frutas.

NOME: _____ DATA: _____

2 ▸ Ligue cada folha a sua sombra.

3 ▸ Pinte o caule da árvore com tinta guache **marrom**.

NOME: _____   DATA: _____

4 ▸ Circule as raízes comestíveis que você já experimentou.

5 Desenhe a fruta de que você mais gosta.

NOME: _____ DATA: _____

6 ▸ Separe as frutas dos legumes e das verduras pintando os quadrinhos de acordo com a legenda.

7 ▸ Pinte uma planta completa.

NOME: _____ DATA: _____

Você

1 ▸ Faça um autorretrato.

2 ▸ Escreva seu nome da maneira que você sabe.

_____

3 ▸ Circule as letras de seu nome.

4 ▸ Desenhe no bolo a quantidade de velas que representa sua idade.

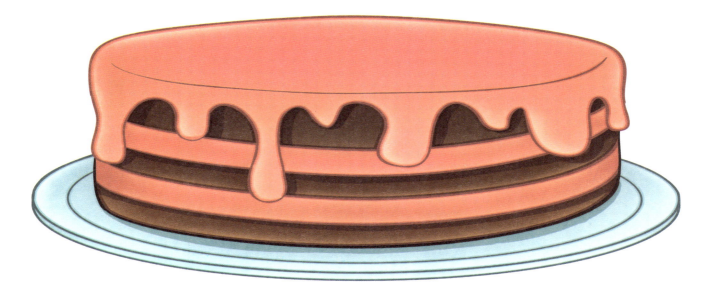

NOME: _____   DATA: _____

Suas características

1. Circule:

    - a cor mais próxima da cor de seus olhos;

    - a cor mais próxima da cor de seus cabelos.

2. Quantos anos você tem? Pinte o quadrinho correspondente a sua idade.

    ☐ 4 anos   ☐ 5 anos   ☐ 6 anos

3. Responda às perguntas.

    a) Quanto você calça?

    _____

    b) Qual é sua altura?

    _____

    c) Qual é seu peso?

    _____

NOME: _____ DATA: _____

Suas preferências

1 ▸ Circule o objeto que representa o que você prefere fazer para se divertir.

NOME: _____ DATA: _____

Você e sua família

1. Pesquise em revistas, jornais e folhetos imagens de pessoas que representem você e sua família. Recorte-as e cole-as aqui.

NOME: _____ DATA: _____

Parentes

1 Pinte os ◯ das imagens que representam os parentes que você tem.

Avós.

Tios.

Primos.

Primas.

NOME: _____ DATA: _____

Atividades em família

1) Faça um **/** nas imagens que representam atividades que você faz com a família.

NOME: _____ DATA: _____

Moradia

1 ▸ Pinte a moradia que mais se parece com a sua.

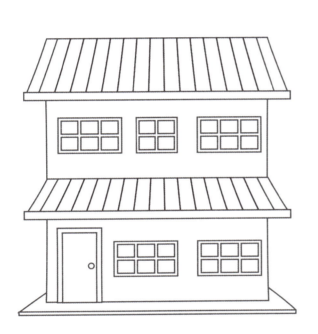

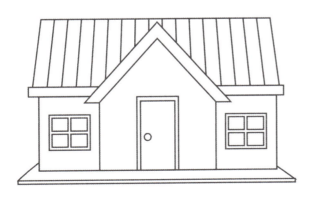

NOME: _____ DATA: _____

Cômodos

1 ▸ Pesquise figuras de móveis e eletrodomésticos que são usados na cozinha. Recorte-as e cole-as abaixo.

2 ▸ Circule o que normalmente é encontrado no banheiro.

NOME: _____ DATA: _____

3 ▸ Faça um **X** na sala e um **X** nos quartos.

215

NOME: _____ DATA: _____

Escola

1 › Leve as crianças à escola pelo caminho certo.

216

NOME: _____ DATA: _____

2 ▸ Veja abaixo alguns profissionais da escola. Depois, recorte a figura daqueles que trabalham em sua escola e cole-as na página 219.

merendeira

faxineiro

porteiro

professora

diretor

secretária

NOME: _____ DATA: _____

3 ▸ Escreva o nome de sua escola e cole aqui as figuras dos profissionais que trabalham nela, recortadas da página 217.

_____

NOME: _____ DATA: _____

4 ▸ Circule os materiais que você gosta de utilizar em sala de aula.

221

NOME: _____ DATA: _____

Meios de comunicação

1. Faça um **X** nos meios de comunicação que você utiliza.

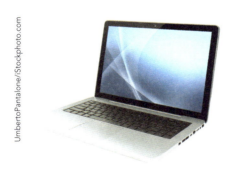

NOME: _____ DATA: _____

Meios de transporte

1▸ Pinte os meios de transporte que se locomovem na terra.

2 ▸ Circule de **laranja** os meios de transporte que se locomovem na água e de **roxo** os que se locomovem no ar.